Hotchkiss Public Library
P.O. Box 540   JUN 0 4
Hotchkiss, CO 81419

Ⓟ Parramón

EL TIEMPO
PLANETA VIVO

Las palabras con un asterisco*
se explican en el glosario de las páginas 30 y 31.

El tiempo
Segunda edición: setiembre 1998
© Parramón Ediciones S.A. - 1996

Dirección editorial: Mª Fernanda Canal
Texto: Miquel Àngel Gibert
Ilustraciones: Miquel Ferrón y Txema Retama
Diseño gráfico: Beatriz Seoane
Dirección de producción: Rafael Marfil

Editado por Parramón Ediciones S.A.
Gran Via de les Corts Catalanes, 322-324
08004 Barcelona

ISBN: 84-342-1945-x
Depósito legal: B-33.868-98
Impreso en España

Prohibida la reproducción total o parcial de esta obra mediante cualquier recurso
o procedimiento, comprendidos la impresión, la reprografía, el microfilm,
el tratamiento informático o cualquier otro sistema, sin permiso escrito de la editorial.

ÍNDICE

Sin Sol no habría tiempo, climas ni estaciones.....................4-5
Al abrigo del espacio...6-7
Frío y calor..8-9
Bajo el peso del aire..10-11
¡Sopla!..12-13
Agua que vuela..14-15
Por las nubes..16-17
Agua que cae..18-19
Las fronteras del aire..20-21
Peligros y atractivos del cielo...22-23
Tras la pista del tiempo..24-25
Tiempo, ¡quién te ha visto y quién te ve!........................26-27
Comprueba y construye 28-29
Glosario 30-31

EL TIEMPO

Sin Sol no habría tiempo, climas ni estaciones

El aspecto que presenta el cielo en un lugar y un momento determinados es lo que llamamos **tiempo.** El tiempo influye en nuestra vida cotidiana, afectando nuestro ocio, la ropa que llevamos, el lugar donde habitamos... Aunque el aspecto del cielo varíe en una misma zona a lo largo del año, lo hace siguiendo un ciclo que se repite anualmente y que llamamos **clima.**

El tiempo es la "expresión" del cielo en un momento y un lugar determinados. El tiempo varía siempre igual en una misma zona, dando lugar a su clima.

¿Te has preguntado alguna vez por qué existe el tiempo, y por qué varía tanto de unas regiones a otras, así como en una misma zona a lo largo del año? La respuesta a todo ello está en el **Sol.**
Como ya sabes, la Tierra es esférica; debido a esto, los **rayos solares** inciden perpendicularmente sobre el ecuador*, mientras que caen muy inclinados sobre los polos*, con lo que llegan a las zonas ecuatoriales de forma más directa y concentrada que a las zonas polares, haciendo que en aquéllas el clima sea cálido y en éstas, muy frío. Entre ambas zonas el tiempo es más suave.
Estas diferencias de temperatura hacen que el aire se mueva, formando el **viento,** el cual, a su vez, transporta y reparte el calor y el frío sobre la Tierra, creando los distintos **climas.**

EL TIEMPO

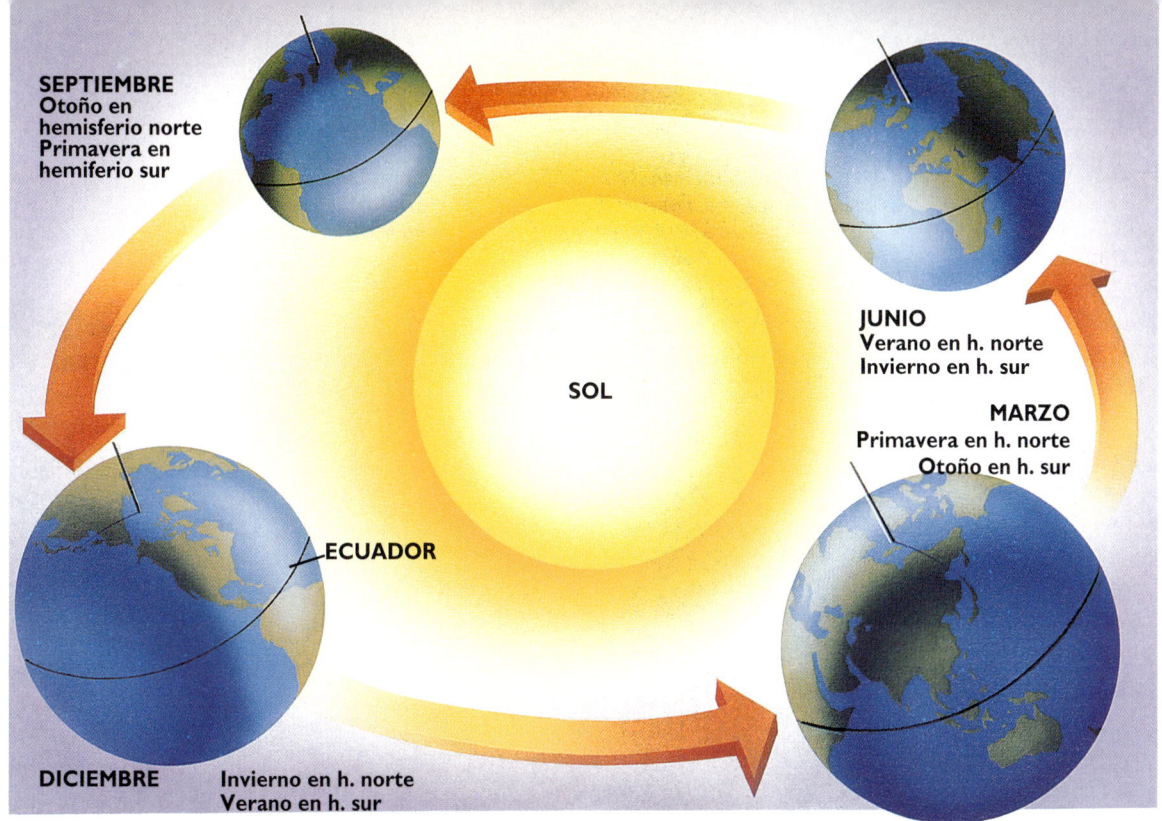

En las zonas situadas entre los polos y el ecuador, llamadas **templadas,** el tiempo varía cada año de igual forma. Estos cambios se llaman **estaciones.** Su causa es la inclinación del eje de rotación* terrestre, que hace que, en el viaje anual de la Tierra alrededor del Sol, dichas zonas se hallen respecto a éste unas veces más cerca que otras. Por ello, en ciertas épocas del año hace calor o frío y en otras el tiempo es más suave. Las estaciones por las que pasa el tiempo en las zonas templadas son la **primavera,** el **verano,** el **otoño** y el **invierno.** Otra consecuencia de la inclinación del eje terrestre es que en dos regiones templadas situadas en distintos hemisferios* no se dan las mismas estaciones a la vez.

En las **zonas polares,** siempre muy frías, por ser las menos bañadas por la luz solar, la inclinación de la Tierra provoca un fenómeno curioso: el Sol no se pone durante seis meses, de modo que es posible verlo a medianoche.

Las **zonas ecuatoriales,** al ser siempre las más próximas al Sol, tienen un clima muy caluroso durante todo el año.

La inclinación del eje de rotación terrestre es la causa de las estaciones y de la diversidad climática de la Tierra.

EL TIEMPO

Al abrigo del espacio

Así como algunos astros*, por ejemplo, nuestra vecina la Luna, están en contacto directo con el espacio, la Tierra se encuentra bajo una envoltura gaseosa que denominamos **atmósfera**. Esta especie de escudo protector evita que nuestro planeta se caliente o enfríe demasiado. El término *atmósfera* viene de las voces griegas *atmos* y *sphaira,* que significan, respectivamente, *vapor* y *esfera.*

Nuestro planeta se encuentra rodeado por una capa de gases llamada *atmósfera.*

EXOSFERA (500 - 1000 km)
TERMOSFERA (10 - 100 km)
MESOSFERA (50 - 80 km)
CAPA DE OZONO
ESTRATOSFERA (10 - 50 km)
TROPOSFERA (0 - 10 km)
SUPERFICIE TERRESTRE

La atmósfera está constituida por el **aire,** mezcla de gases en la que flotan diminutas partículas sólidas. Entre estos gases ocupan un lugar principal el **nitrógeno** y el **oxígeno,** componiendo el primero tres cuartas partes de la atmósfera y el segundo casi todo el resto; otros gases, como el **dióxido de carbono** y el **vapor de agua,** ocupan menos del 1 % del total.

En la atmósfera se distinguen, de abajo arriba, cinco regiones de características distintas: la **troposfera,** que se encuentra en contacto con la superficie terrestre y es donde ocurren los cambios de tiempo; la **estratosfera,** en la que el aire apenas se mueve y a través de la cual vuelan los aviones supersónicos; la **mesosfera,** en cuya zona inferior se halla situada una parte de la capa de ozono; la **termosfera,** en la que encontramos las estrellas fugaces*, las auroras polares* y los transbordadores espaciales*, y la **exosfera,** que constituye la región atmosférica más distante y es donde se encuentran los satélites artificiales. A medida que nos alejamos de la Tierra a través de la atmósfera, la densidad del aire disminuye.

6

EL TIEMPO

La **troposfera,** como acabas de ver, es la región atmosférica que nos afecta más directamente, al encontrarse justo encima de nosotros. Tiene un espesor de unos 10 km, mucho mayor en el ecuador que en los polos, y contiene las tres cuartas partes de la masa de la atmósfera y casi toda su humedad. En ella, la temperatura desciende 6 °C por cada 1 000 m de altura. En sus límites, el aire, además de los gases citados, contiene partículas de polvo y cristales de sal. El término *troposfera* está formado a partir de la palabra griega *tropos, cambio,* que hace referencia a los cambios de tiempo que en ella se dan, y la palabra *sphaira,* cuyo significado ya conoces. La atmósfera, además de suavizar los cambios de temperatura debidos al día y la noche, nos protege de los rayos ultravioletas del Sol, perjudiciales para los seres vivos. La **capa de ozono,** situada a caballo de la estratosfera y la mesosfera, es la encargada de absorber dichas radiaciones. Las moléculas del gas que forman el **ozono** se componen de tres átomos de oxígeno (O_3). En dicha capa, sin embargo, se han descubierto algunos agujeros, atribuidos al uso de ciertos compuestos en los espráis y los refrigeradores.

En la parte inferior de la atmósfera, la troposfera, es donde tienen lugar los cambios de tiempo.

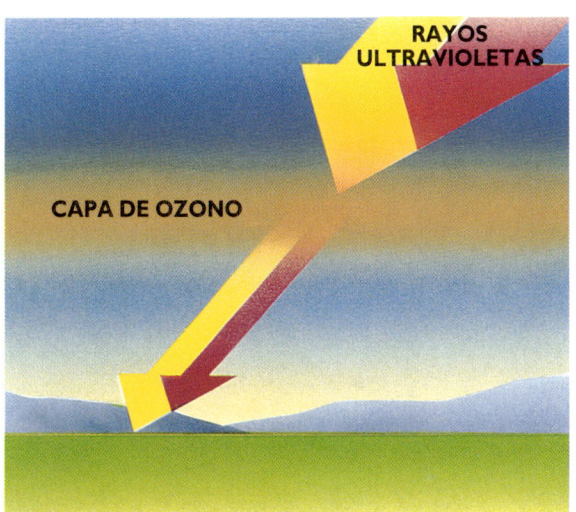

EL TIEMPO

Frío y calor

Al observar el estado de la atmósfera en un lugar y un momento determinados, percibimos una serie de rasgos que lo definen: si hace frío o calor (temperatura del aire), si el tiempo es seco o húmedo (humedad del aire), si la presión atmosférica es alta o baja, etc. Todas estas características forman lo que llamamos **tiempo.**

Los distintos rasgos del tiempo: la temperatura del aire, su humedad, su presión, etc., se pueden medir. Para saber, concretamente, la temperatura del aire usamos los termómetros.

Uno de los rasgos del tiempo que más se nota es la **temperatura del aire,** cuyo valor depende de la estación y de la hora del día en que nos encontremos. (Recuerda que en verano y durante el día estamos más cerca del Sol que en invierno y durante la noche.) Para medir dicha temperatura con exactitud usamos unos instrumentos denominados **termómetros.**
La mayoría de los termómetros constan de un tubo de cristal que contiene mercurio o alcohol; estos líquidos, al calentarse, aumentan de volumen y suben por el tubo, en el que hay dibujada una escala de temperaturas. Cuando ésta desciende, el mercurio y el alcohol disminuyen de volumen y bajan por el tubo. Los **termómetros de máxima y mínima** son los que sirven para medir la temperatura más alta y más baja del día.

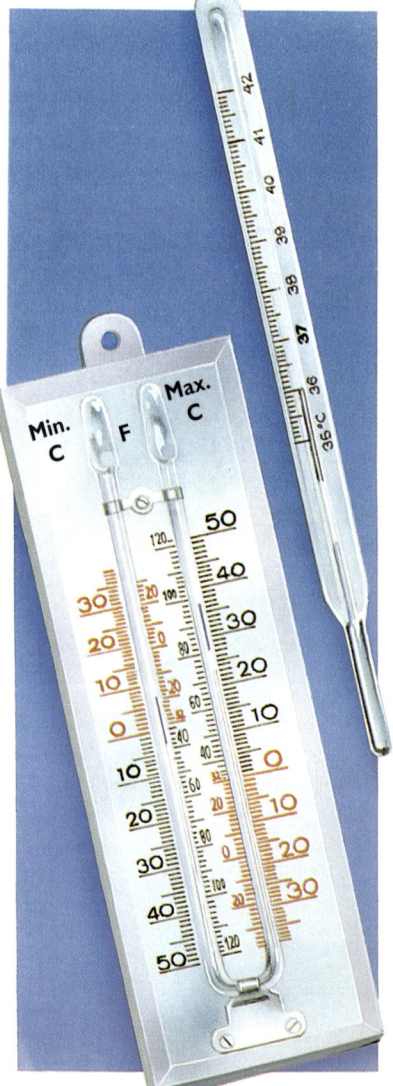

La temperatura se expresa en unas unidades determinadas, llamadas **grados centígrados, °C.** Éstos forman una escala de temperaturas donde el valor 0 °C es el de la temperatura a la que se funde el hielo y los 100 °C, la temperatura a la que hierve el agua. Además de la escala centígrada, existen otras dos: la **Fahrenheit** y la **Kelvin**, en las que los dos valores anteriores son distintos.

EL TIEMPO

La temperatura de un lugar cualquiera de la Tierra depende, como ya has visto antes, de la mayor o menor cantidad de radiación solar que recibe. Por lo tanto, cuanto más cerca del ecuador se encuentre, más cálido será, y cuanto más cerca de los polos esté, más frío será su clima.

→ AIRE FRÍO
→ AIRE CALIENTE

■ Siempre frío

■ Verano templado
Invierno frío

■ Verano caluroso
Invierno frío

■ Verano fresco
Invierno suave

■ Verano caluroso
Invierno templado

■ Siempre caluroso

Existen otros dos factores que influyen en la temperatura de una zona determinada: su proximidad con respecto al mar y su altura. Así, por un lado, las áreas costeras no suelen sufrir grandes cambios de temperatura, ya que el mar se calienta y enfría mucho más lentamente que la tierra, y por otro, las áreas montañosas se hallan rodeadas de aire más frío en sus cumbres que en sus faldas. Si vives en la costa, por la mañana notarás una brisa procedente del mar, y por la noche, otra en sentido opuesto. Ello se debe a las distintas capacidades del mar y de la tierra para retener el calor: así, por la mañana la tierra, que se calienta más deprisa, hace que el aire que la cubre ascienda, siendo sustituido por el aire más frío del mar, mientras que de noche ocurre lo contrario.

La temperatura, en la Tierra, no sólo depende de lo cerca o lejos que estemos del ecuador. También se ve afectada por la altura y por la proximidad al mar.

9

EL TIEMPO

Bajo el peso del aire

El aire ejerce sobre nosotros una fuerza que llamamos **presión atmosférica.** El hecho de que normalmente no la notemos se debe a que la presión que a su vez realiza hacia afuera el aire contenido en nuestro cuerpo se opone a ella por igual. El aire cuando está caliente, es más ligero o menos denso que cuando está frío, al estar más separadas sus moléculas.

El aire caliente y el frío, al subir y bajar, respectivamente, no lo hacen en línea recta, sino girando en espiral. Ello se debe a la rotación de la Tierra. En el hemisferio norte los vientos describen espirales de izquierda a derecha en las regiones de alta presión, y en sentido opuesto en las de baja presión. En el hemisferio sur, ocurre lo contrario.

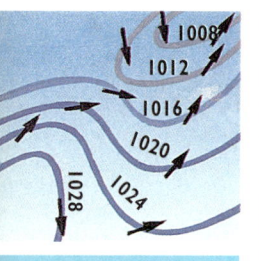

Lo que llamamos presión atmosférica es, ni más ni menos, el peso del aire sobre nosotros, que varía a lo largo del tiempo y de unas zonas a otras.

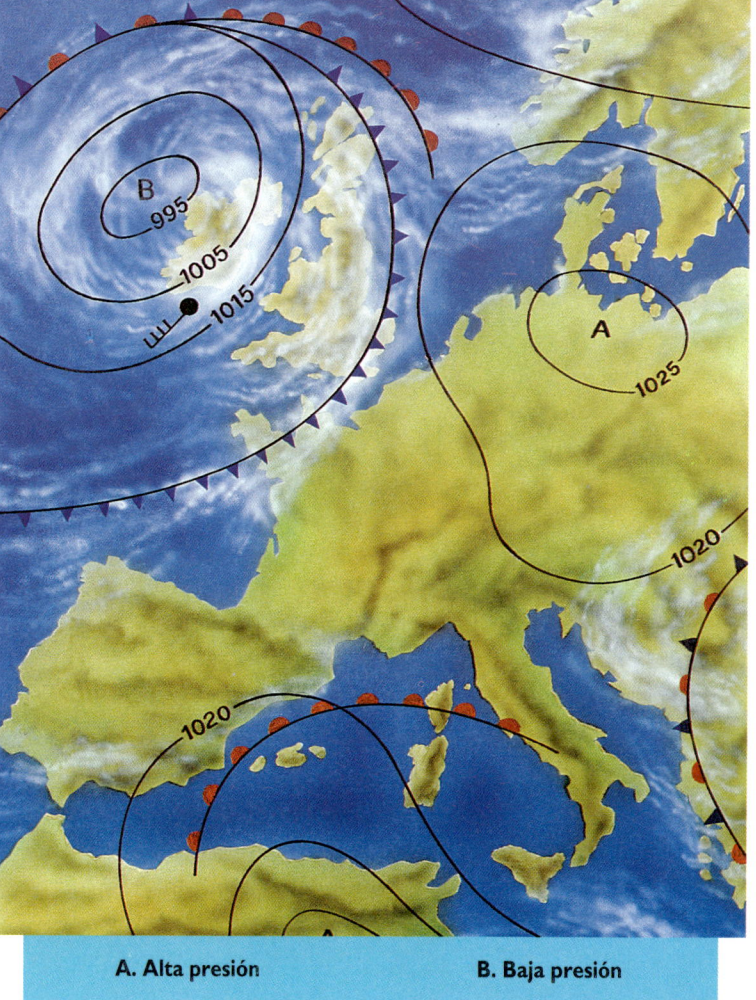

A. Alta presión   B. Baja presión

Cuando el aire frío baja y presiona la superficie terrestre, crea una **región de alta presión,** mientras que cuando el aire caliente sube, origina una **región de baja presión.** La presión atmosférica varía según el momento y de unas zonas a otras; esto último hace que el aire se mueva desde donde ejerce más presión hacia donde su presión es menor, dando lugar al viento.

En los mapas del tiempo la presión atmosférica se representa mediante unas líneas, llamadas **isobaras,** que unen los puntos de la superficie de la Tierra que tienen la misma presión. El número que aparece junto a cada isobara nos indica el valor de la presión atmosférica a lo largo de ella, expresado en una unidad de medida llamada **milibar.**

EL TIEMPO

El instrumento que se utiliza para medir la presión atmosférica es el **barómetro,** palabra que significa literalmente *medidor del peso*. El modelo original de este aparato, llamado **barómetro de Torricelli,** fue inventado en 1643 por el físico italiano del mismo nombre, y consistía en un tubo muy fino colocado boca abajo dentro de una cubeta; ambos recipientes estaban parcialmente llenos de mercurio, de modo que, al subir la presión, el mercurio ascendía por el tubo. Los barómetros modernos, llamados **metálicos,** constan de un recipiente de metal, de paredes muy elásticas, cuya forma se modifica al variar la presión; los cambios que sufre el recipiente son transmitidos a una aguja, que marca la presión correspondiente en un círculo graduado.

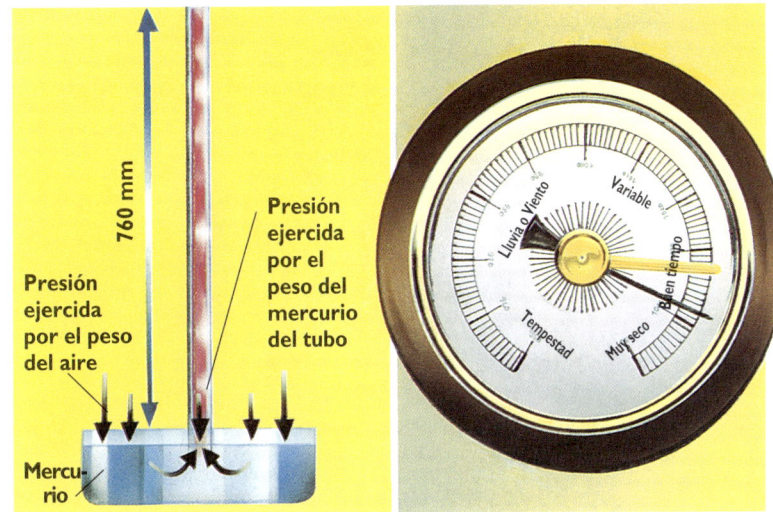

Las variaciones de la presión atmosférica indican que se avecinan cambios en el tiempo. Así, cuando la presión sube, significa que éste será bueno y seco, y cuando baja, que va a llover.

Los barómetros modernos -si tú tienes uno, lo podrás comprobar- llevan escritas unas leyendas para saber rápidamente qué tiempo nos espera cuando la presión varía.

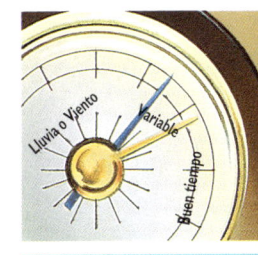

La presión atmosférica se mide con el barómetro, cuya aguja, al señalar valores cada vez más altos, anuncia buen tiempo o viceversa.

EL TIEMPO

¡Sopla!

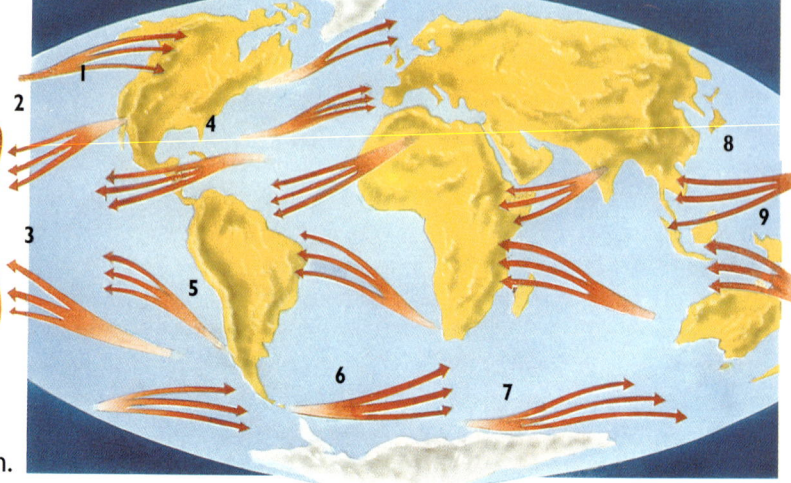

1. Vientos del Oeste
2. Alisios del Noreste
3. Calmas ecuatoriales
4. Huracanes
5. Alisios del Sureste
6. Vientos del Oeste
7. Vientos circumpolares del hemisferio sur
8. Tifones
9. Ciclones

La ruta de los grandes vientos que soplan sobre la Tierra tiene que ver con las diferencias de temperatura y presión del aire entre las distintas zonas de ésta. Así, cerca del ecuador el aire se calienta y sube, soplando hacia los polos, y el aire frío se mueve en sentido contrario para reemplazarlo. Como la Tierra gira, los vientos no soplan de norte a sur, sino que se desvían.

El aire se mueve sobre la **Tierra**, debido a las diferencias en su temperatura y presión, dando lugar a los vientos. Los efectos de éstos son a veces apreciables en el paisaje.

Existen distintos tipos de grandes vientos: los llamados **alisios,** que soplan continuamente desde el noreste o el sureste hacia el ecuador y antiguamente eran aprovechados por los veleros que transportaban mercancías por todo el mundo; los **vientos del oeste,** que soplan entre los polos y el ecuador; los **ciclones,** que son fortísimos vientos que soplan en espiral en los huracanes, tifones y ciclones (violentas tormentas que sufren las regiones tropicales del Caribe, el mar de la China y el océano Índico, respectivamente), y los **vientos circumpolares* del hemisferio sur,** que son unos furiosos vientos del oeste que soplan a menudo en el hemisferio sur. En el ecuador existen zonas con vientos muy flojos que dan lugar a las llamadas **calmas.**

Hay muchos vientos locales que afectan el tiempo en distintas partes del mundo. Entre ellos tenemos, el **viento de Levante,** que sopla del este, en el Mediterráneo, llevando humedad a la península Ibérica y África, y el **Harmattan,** que sopla hacia el sur desde el Sáhara, en África occidental, transportando tormentas de polvo y aire seco.

El viento se mueve con una velocidad y una dirección concretas. Ambos rasgos se pueden medir con dos aparatos llamados **anemómetro** y **veleta**. El **anemómetro,** que nos indica la velocidad del viento, consiste en un eje giratorio al que van unidas tres cazoletas; cuando el viento las empuja, éstas empiezan a girar, y el número de vueltas que dan queda registrado por una aguja en una escala doble, donde se indica a la vez la velocidad del viento. La **veleta,** que nos indica la dirección del viento, consta de una pieza de metal en forma de flecha, o gallo, colocada sobre un eje también giratorio; así, el aire, al moverse, empuja la parte trasera de la veleta, la más ancha, de modo que el extremo de la flecha o el pico del gallo apunta en la dirección de donde sopla el viento.

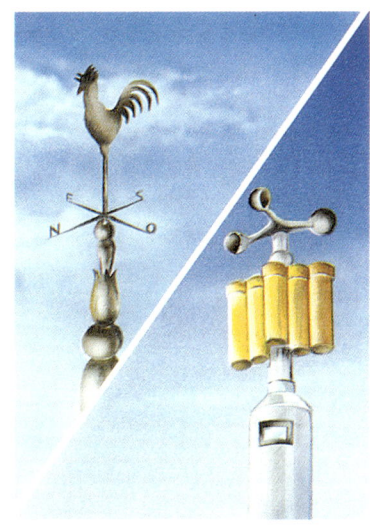

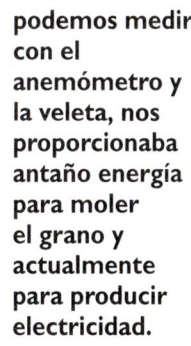

En 1805, el marino británico sir Francis Beaufort ideó una escala, todavía usada hoy en día, para medir la velocidad del viento en el mar y en la tierra según sus efectos. Esta escala, llamada **escala de Beaufort,** consta de los siguientes grados de velocidad del viento: 1) calma, ausencia de viento, 2) el humo se desvía, 3) las hojas se agitan y las banderas ondean, 4) las ramas se mueven, 5) hay olas en el mar, 6) los cables eléctricos suenan, 7) los árboles se balancean, 8) cuesta mucho andar, 9) las tejas caen de los tejados, 10) los árboles son arrancados de raíz, 11) los edificios sufren daños importantes, 12) devastación.
En las ilustraciones puedes apreciar los símbolos con que en los mapas del tiempo se indica la velocidad del viento.

El viento, cuya fuerza y dirección podemos medir con el anemómetro y la veleta, nos proporcionaba antaño energía para moler el grano y actualmente para producir electricidad.

EL TIEMPO

Agua que vuela

Aunque a simple vista no lo parezca, dentro del aire hay agua. El hecho de que no la veas se debe a que se encuentra en forma de un gas invisible llamado **vapor de agua.** La cantidad del mencionado gas en la atmósfera es lo que denominamos **humedad del aire.** Ésta se pone de manifiesto, por ejemplo, cuando en una noche fría el vapor de agua que se halla cercano al suelo se transforma en diminutas gotas de agua, dando lugar a las **nieblas** (A) o **neblinas** (B).
De la misma manera, cuando en un día también frío exhalas tu aliento sobre el cristal de la ventana de tu habitación, el vapor del agua del aire de tus pulmones, que no es más que aire atmosférico, se hace patente en el cristal, empañándolo.

A

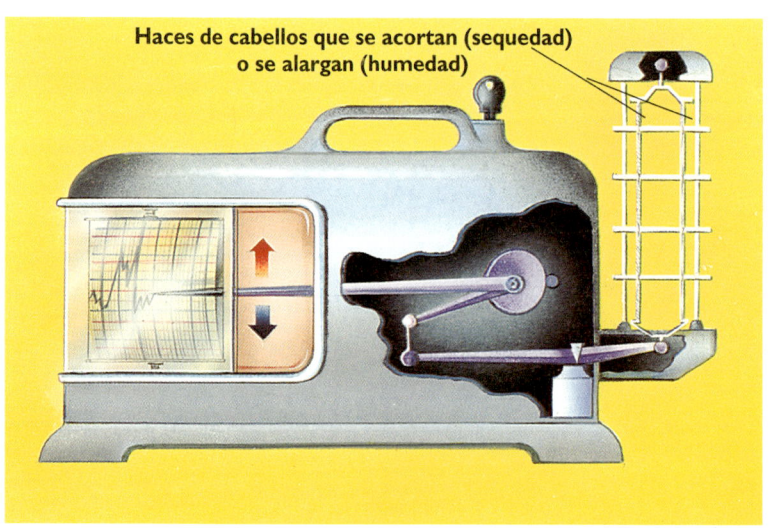

B

El aire contiene agua en forma de un gas invisible llamado vapor de agua que podemos ver cuando se transforma en gotitas formando la niebla. La humedad atmosférica, o proporción de este gas en el aire, se mide con un aparato llamado higrómetro.

La humedad del aire atmosférico también se puede medir. Para ello utilizamos un instrumento llamado **higrómetro,** palabra que significa precisamente *medidor de la humedad.* Este aparato se compone de varios cabellos o cuerdas de guitarra, que, al alargarse cuando se humedecen y acortarse cuando se secan, transmiten estos dos movimientos a una aguja indicadora.

Haces de cabellos que se acortan (sequedad) o se alargan (humedad)

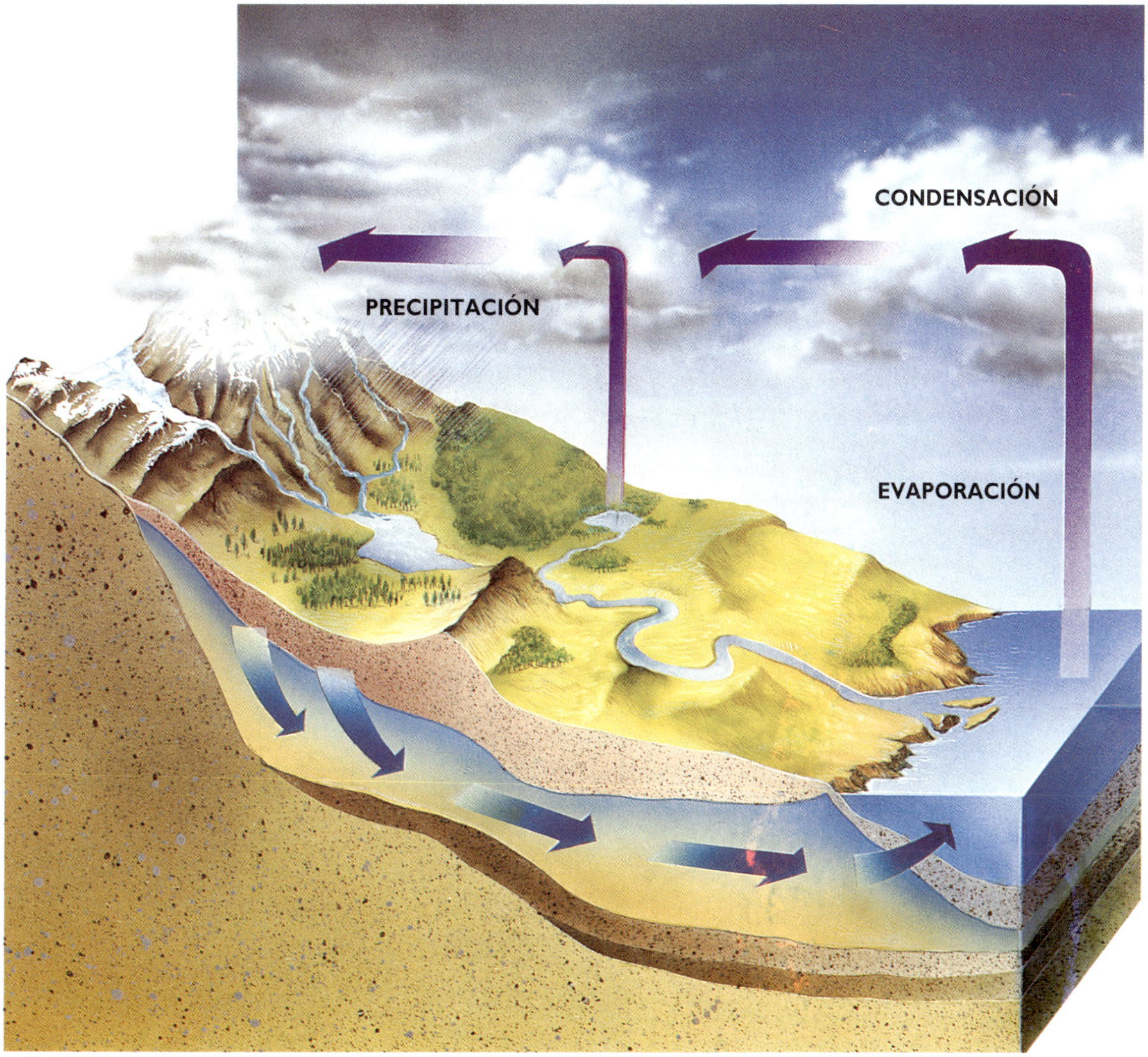

EL TIEMPO

PRECIPITACIÓN

CONDENSACIÓN

EVAPORACIÓN

El agua se mueve siguiendo un ciclo sin fin. Como en una noria, sube al cielo en forma de gas, se convierte en gotitas formando las nubes y vuelve a bajar a la Tierra en forma de lluvia o nieve.

El hecho de que el aire contenga agua se debe a un fenómeno que recibe el nombre de **evaporación**. Como consecuencia de este fenómeno, una parte del agua líquida que constituye los océanos, los mares y los lagos se convierte en vapor de agua, al ser calentada por la acción de los rayos solares, y termina reuniéndose con el resto de los gases que se encuentran en el aire.

Cuando el aire caliente asciende, se enfría, de modo que el vapor de agua se vuelve de nuevo agua líquida, en forma de gotitas, formando las nubes. Este otro fenómeno se llama **condensación**.
En las nubes las gotitas de agua se van juntando unas con otras y acaban cayendo en forma de lluvia, nieve o granizo, fenómeno que recibe el nombre de **precipitación**.

El agua que derraman las nubes sobre la Tierra discurre por la superficie de ésta alimentando los ríos, o se introduce en el terreno, y termina regresando a los océanos, mares o lagos. Una vez en ellos, vuelve a experimentar el fenómeno de la evaporación, y de esta manera comienza nuevamente un ciclo que no tiene fin y que recibe el nombre de **ciclo del agua**.

EL TIEMPO

Por las nubes

Esos enormes "algodones" que decoran el cielo aquí y allá, o de repente se tornan negros y, ciñéndose sobre nosotros, nos cubren de agua y resplandores estrepitosos, y que llamamos **nubes,** están formados por billones de diminutas gotitas de agua o cristales de hielo que flotan en la atmósfera. Cuando las nubes están en contacto con el suelo, hablamos de **nieblas** y **neblinas.**

Las nubes, como ya has visto, se forman debido al ascenso del aire junto con el vapor de agua que éste contiene. El aire asciende cuando choca con un terreno montañoso que le obliga a subir; cuando está en contacto con un suelo caliente que le transmite calor, haciéndolo más ligero, y cuando es empujado hacia arriba por un aire más denso y frío.

Existen tres grandes familias de nubes: las que se forman a gran altura y tienen un aspecto deshilachado, llamadas **cirros,** palabra que en latín significa *rizo de cabello*; las que presentan un aspecto algodonoso y cambian de forma constantemente, denominadas **cúmulos,** es decir, *montones*, y las que se hallan a baja altura y que llamamos **estratos,** palabra que significa *capa*.

Cuando el aire caliente asciende y se enfría, el vapor de agua que contiene se convierte en billones de diminutas gotas o cristales, formando las nubes.

A veces las distintas clases de nubes se combinan entre ellas, uniéndose entonces sus nombres. La forma, el color y la altura de las nubes nos dan pistas sobre el tipo de tiempo que se avecina.

Altostratos
Los altostratos se forman a media altura y consisten en capas de nubes formadas por pequeñas gotas.

Cirrostratos
Son nubes que forman un velo blanquecino que cubre el cielo. Están constituidos por delgadas capas de cristales de hielo.

Estratos
Son capas de nubes bajas que encapotan de gris el cielo, trayendo lluvias y lloviznas. A ras de suelo o del mar, forman la niebla.

Nimbostratos
Tienen forma de gruesas capas, se crean a ras de suelo y pued[en] llegar a gran altura y provocar tormentas de nieve o lluvia.

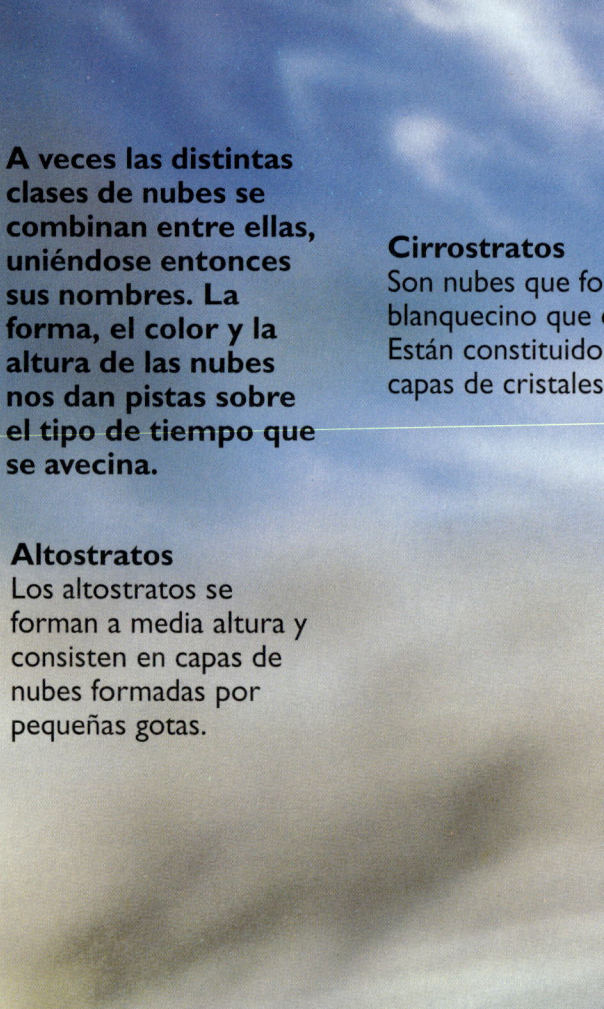

EL TIEMPO

Cirrocúmulos
Los cirrocúmulos son fragmentos helados de nube que por su aspecto recuerdan las escamas de un pez.

Cirros
Suelen ser las nubes más altas y están compuestos de pequeños cristales de hielo. Su presencia es indicio de cambio de tiempo.

Altocúmulos
Los altocúmulos parecen balas de algodón y están casi pegados unos con otros. Son signo de que se aproxima un tiempo inestable.

Cumulonimbos
Son nubes grandes y oscuras, y la forma de sus cumbres recuerda el yunque de un herrero. Suelen traer lluvia, granizo y truenos.

Cúmulos
Son nubes blancas y esponjosas que se desarrollan durante el día y auguran buen tiempo. También pueden reunirse y traer lluvia.

Estratocúmulos
Son cúmulos extendidos en capas, y su presencia en el cielo presagia buen tiempo.

Las distintas clases de nubes pueden mezclarse unas con otras y dar lugar así a un sinfín de combinaciones nubosas cuyos nombres suelen ser bastante rimbombantes.

EL TIEMPO

Agua que cae

Cuando las gotitas de agua de las nubes adquieren un tamaño que les impide flotar en el aire, caen en forma de **lluvia.** Las gotas crecen al unirse con otras o por condensación. En la lluvia tienen un diámetro de más de 0,5 mm, mientras que en el **chubasco** o **aguacero** son mayores y en la **llovizna,** más pequeñas. El instrumento que mide la lluvia caída es el **pluviómetro.**

La lluvia es la prueba más clara de que en el aire hay agua. Las gotitas que se forman, al condensarse el vapor de agua, van creciendo hasta caer por su excesivo peso.

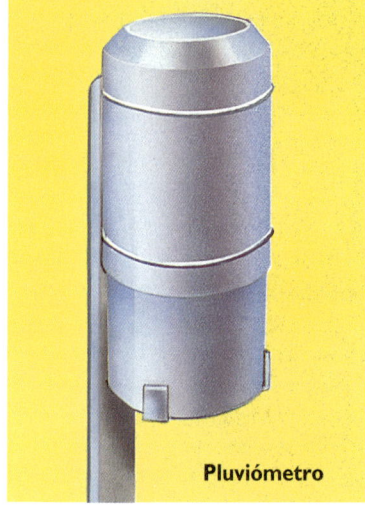

Pluviómetro

La lluvia que recibe la Tierra no se reparte por igual entre sus distintas zonas. Cerca del ecuador el tiempo es húmedo todo el año, mientras que en el Sáhara puede no producirse lluvia durante varios años. En los polos también cae muy poca lluvia, ya que el agua está bloqueada en forma de hielo. En el sur de Asia, la tierra, seca durante seis meses, se empapa luego debido a los monzones*.

En ocasiones, a pesar de que no llueva, las plantas y la hierba pueden encontrarse cubiertas por una infinidad de gotitas de agua. Esto acostumbra a suceder después de una noche fría, en la que el vapor de agua de la atmósfera se condensa en forma de gotas muy pequeñas, que pueden depositarse encima de la vegetación y del suelo. Las gotitas así formadas reciben el nombre de **rocío.**

EL TIEMPO

Cuando en una nube el aire está a menos de 0 °C, el vapor de agua se transforma en hielo en vez de en lluvia. Los cristales de hielo se unen unos a otros dando lugar a los copos de **nieve,** que terminan cayendo. Sin embargo, si éstos, al bajar, cruzan una zona de aire más caliente, se deshacen y se convierten en gotas de agua. Sólo cuando la temperatura del aire es inferior a 0 °C hasta el suelo, la nieve alcanza la superficie terrestre.
Todos los copos de nieve, vistos con lupa, presentan seis lados; con todo, cada uno posee una forma única. La nieve caída también se mide utilizando el pluviómetro, tras esperar a que se deshaga. Si comparas el volumen que tiene antes de derretirse con el que ocupa después, constatarás que éste último es mucho más pequeño.

Además de lluvia, las nubes pueden arrojar nieve y granizo. La nieve se forma cuando en las nubes el aire está a menos de 0 °C; entonces el vapor de agua se transforma en hielo en vez de en agua.

Seguramente te habrás preguntado alguna vez, un poco exasperado, por qué a veces las nubes arrojan sobre nosotros esas bolas de hielo más o menos grandes que llamamos **granizo.** Cuando dentro de los cumulonimbos los cristales de hielo se ven sacudidos por el viento hacia arriba y hacia abajo, se van aglomerando en capas concéntricas hasta formar las piedras de granizo.

EL TIEMPO
Las fronteras del aire

¿Te has fijado alguna vez en los mapas del tiempo que aparecen en televisión? En caso afirmativo, habrás visto, además de las líneas isobaras, otras de color azul con triángulos y otras de color rojo con semicírculos. ¿Sabes qué significan? Las primeras indican la parte frontal o frente de una masa de aire frío, y las segundas representan el frente de una masa de aire caliente.

Una **masa de aire** es una enorme acumulación de aire que se origina sobre los continentes y océanos. Según donde surja, puede ser caliente o fría y húmeda o seca. La línea que separa dos masas de aire es lo que denominamos **frente**.

En un **frente frío,** una masa de aire frío choca con otra de aire caliente y penetra por debajo de ella, obligándola a ascender; los frentes de este tipo producen nubes, lluvias y truenos. En un **frente cálido,** una masa de aire caliente topa con otra de aire frío, superponiéndose a ella y causando lluvias y lloviznas. Cuando un frente frío atrapa a un frente cálido y la masa de aire caliente que queda entre ambos sube y deja de estar en contacto con el suelo, hablamos de un **frente ocluido**.

En el cielo existen fronteras invisibles, los llamados frentes, que separan las masas de aire de distinta temperatura y humedad.

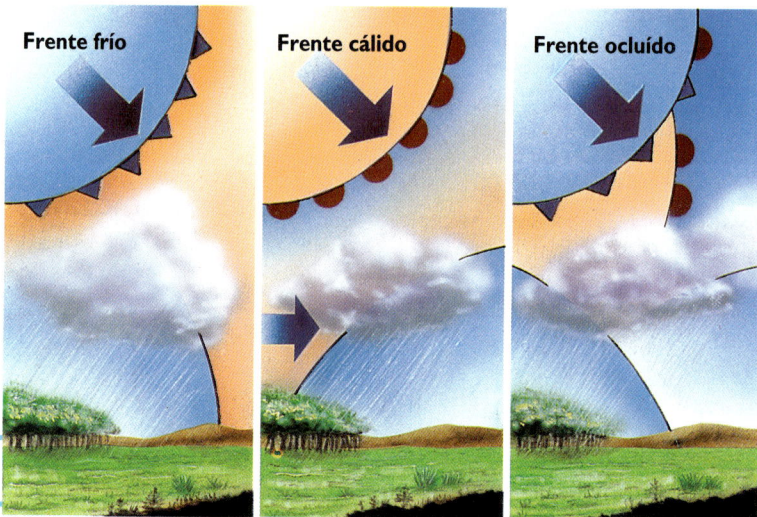

Frente frío — Frente cálido — Frente ocluído

Masa de aire frío — Masa de aire caliente

EL TIEMPO

FRENTE CÁLIDO — Cirros — Altocúmulos — Nimbostratos

El primer aviso de la llegada de un frente cálido son los cirros. Luego, el cielo empieza a cubrirse y las nubes se vuelven cada vez más gruesas. Aparecen los altocúmulos, el viento sopla con fuerza y el mar se agita. Pronto, los nimbostratos oscurecen el cielo y se pone a llover sin parar durante horas. Si hace suficiente frío, puede incluso nevar.

Un frente cálido suele venir seguido de un frente frío. Tras el paso de aquél, hace más calor. Cerca de la costa todavía hay nubes y puede lloviznar. El anuncio de un frente frío son las fuertes rachas de viento. El cielo se cubre y llueve, e incluso puede granizar.

Al pasar la tormenta y despejarse las nubes, hace más frío, quedando algunos cúmulos, que aún pueden soltar aguaceros.

FRENTE FRÍO — Viento — Lluvia o granizo — Cúmulos

Después de un frente cálido suele venir un frente frío, siendo el paso de ambos un desfile de nubes a cual más lluviosa.

EL TIEMPO

Peligros y atractivos del cielo

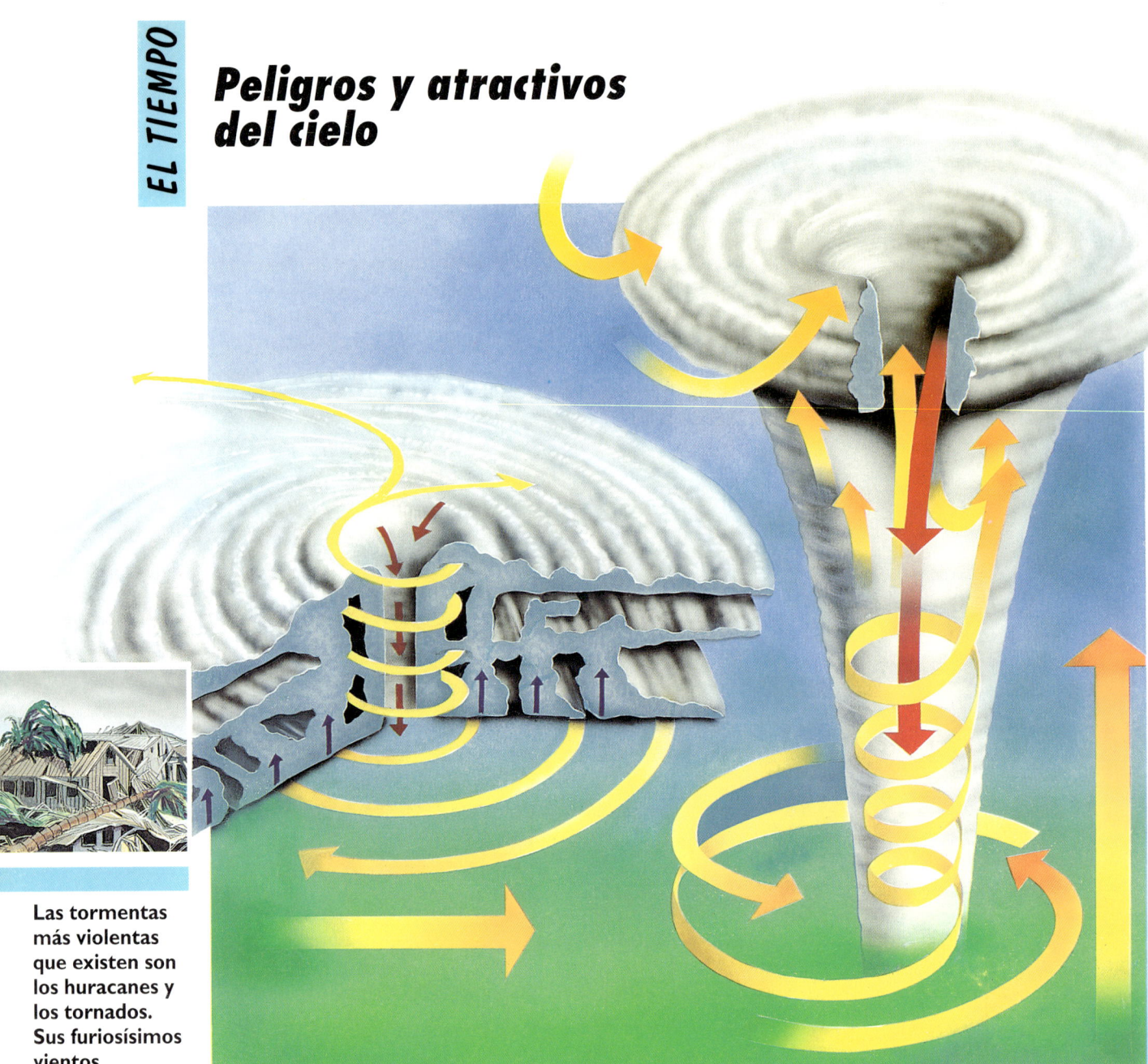

Las tormentas más violentas que existen son los huracanes y los tornados. Sus furiosísimos vientos enroscados lo arrasan todo a su paso.

Tras pasar un caluroso y soleado verano, las zonas tropicales, cuando llega el otoño, suelen verse azotadas por unas violentas tormentas procedentes del mar, que traen consigo vientos muy intensos y lluvias torrenciales. Dichas tormentas, como ya viste anteriormente, reciben el nombre de **huracanes, tifones** o **ciclones,** dependiendo de la región donde se produzcan.

Los **huracanes,** que nacen en el mar Caribe, se forman a partir de aire caliente y húmedo cuando los vientos soplan en sentido contrario y chocan. En ellos los vientos giran hasta 360 km/h y en su centro hay una zona de calma llamada **ojo del huracán.** Los huracanes pueden durar desde pocos días, permaneciendo sobre el océano, hasta varias semanas, asolando islas y áreas costeras.

Los **tornados,** que tienen el mismo origen que los huracanes, se forman en tierra y son más violentos. Consisten en un remolino de nubes en forma de un altísimo embudo alargado, en cuyo centro el aire desciende rodeado de fuertes corrientes ascendentes que succionan o destruyen todo a su paso. La duración de un tornado oscila entre unos minutos y dos horas.

EL TIEMPO

Las **tronadas,** tormentas también espectaculares pero llevaderas, se producen cuando el aire cálido y húmedo asciende velozmente, dando origen a cumulonimbos. En el interior de estas nubes, las rápidas corrientes de aire provocan que las gotas de agua y los cristales de hielo rocen unos contra otros, generándose electricidad negativa en la base de los cumulonimbos, que se escapa hacia el suelo en forma de **rayo.** El aire, al calentarse bruscamente con la formación del rayo, experimenta una rápida expansión y estalla dando lugar a un **trueno.** Debido a que la luz viaja a una velocidad muchísimo mayor que el sonido (unas 900 000 veces más deprisa), siempre se observa la luz del rayo, o **relámpago,** antes de escuchar el ruido del trueno.

El rayo y el arco iris sólo son algunos de los fenómenos luminosos que se producen en el cielo. Junto a ellos se encuentran, entre otros, las auroras polares y las estrellas fugaces.

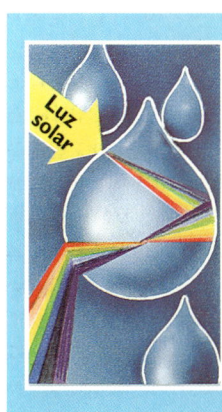

Las tormentas también pueden ir acompañadas de un fenómeno inofensivo y estético llamado **arco iris.** Éste se da cuando en una misma zona llueve y luce el Sol. La luz solar, al cruzar la lluvia, se descompone en los siete colores que la forman: rojo, anaranjado, amarillo, verde, azul, añil y violeta, creando un arco multicolor. Sobre cada arco iris suele haber otro invertido.

EL TIEMPO

Tras la pista del tiempo

Antaño, la gente buscaba pistas en la Naturaleza para predecir el tiempo; observaba el cielo, la conducta de ciertos animales y las plantas. Si bien algunas de estas pistas se ha comprobado que son del todo fiables, otras, en cambio, se ha visto que no lo son. Los humanos, a lo largo de la Historia, hemos creado métodos e instrumentos para poder predecir el tiempo con mayor precisión.

Antiguamente el tiempo se predecía tomando como referencia la Naturaleza. En la actualidad se predice a partir de los mapas meteorológicos.

Entre los signos con los que la Naturaleza nos indica que el tiempo va a cambiar, están, por ejemplo, la presencia de ranas fuera del agua, lo que significa que el aire está húmedo y que por lo tanto lloverá, y el aspecto de las piñas, que se abren con la llegada de un tiempo seco y se cierran con la humedad. Además, algunas personas sufren dolores cuando el ambiente se enfría y humedece.

Hoy en día el tiempo se predice con datos procedentes de **observatorios**[*] de todo el mundo y fotografías que los **satélites**[*] toman de la Tierra. Todo ello se introduce en potentes ordenadores que elaboran los **mapas meteorológicos,** en los que se muestra el tiempo en un momento dado y sobre los que los **meteorólogos**[*] hacen predicciones para las próximas horas y días.

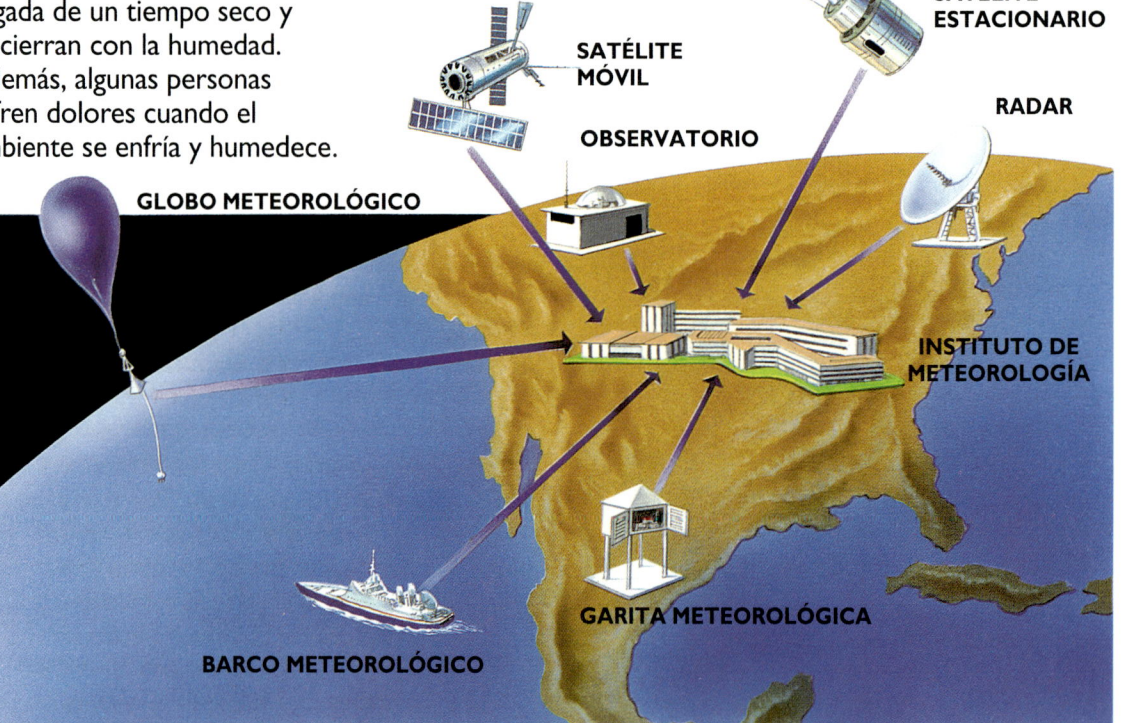

24

EL TIEMPO

Tal y como hemos apuntado al principio de este libro, en las distintas regiones de la Tierra el tiempo varía de acuerdo con unos ciclos anuales llamados **climas.** Éstos son los principales causantes de los diversos paisajes terrestres.
En nuestro planeta se dan, fundamentalmente, tres tipos de climas: los **cálidos, templados** y **fríos.**

CLIMA TROPICAL

CLIMA DESERTICO

CLIMA MEDITERRANEO

CLIMA CONTINENTAL

Los **climas cálidos** afectan las zonas que se encuentran comprendidas entre los trópicos, donde las temperaturas son elevadas todo el año; dichos climas se subdividen en clima ecuatorial, siempre húmedo; clima tropical, donde alternan un verano húmedo y un invierno seco; y clima desértico, siempre seco.

La Tierra es un mosaico de regiones climáticas que abarca desde las zonas polares, siempre frías, hasta las zonas ecuatoriales, siempre cálidas y húmedas.

Los **climas templados** afectan las regiones situadas entre los trópicos y los círculos polares, y son: el clima oceánico, con veranos e inviernos suaves; el clima mediterráneo, con veranos secos y cálidos e inviernos suaves y húmedos; y el clima continental, con veranos cálidos e inviernos fríos, y escasez de lluvias. Los **climas fríos** se dan en las zonas polares (clima polar) y en las altas montañas (clima alpino).

CLIMA POLAR

CLIMA ALPINO

EL TIEMPO
Tiempo, ¡quién te ha visto y quién te ve!

El clima global de la Tierra ha variado a lo largo de la Historia. Hace unos 10 000 años un tercio del planeta estaba cubierto de hielo. Este fenómeno, debido a un descenso general de las temperaturas, ya se había dado antes varias veces. Hoy en día nos hallamos en una fase climática mucho más cálida; con todo, en un futuro todavía lejano puede repetirse una situación similar a la anterior.

Nunca hasta ahora se había dado la posibilidad de que los humanos alterásemos el clima de la Tierra. La gran cantidad de humo que lanzan las fábricas, la tala masiva de árboles, así como otras actividades, están empezando a modificarlo. Aunque ya se han dado algunos pasos para evitar el peligro que todo ello representa, todavía queda muchísimo trabajo por hacer.

Uno de los cambios que en la atmósfera produce nuestra polución es el aumento del llamado **efecto invernadero.** Éste se debe a los gases que hay de forma natural en el aire. Dichos gases dejan pasar los rayos solares para que calienten la Tierra, pero, al igual que los cristales de un invernadero, impiden que parte del calor regrese al espacio. Cuando esto ocurre de manera natural, se trata de un proceso esencial para la vida en nuestro planeta. Sin embargo, cuando la proporción de gases causantes del efecto invernadero, sobre todo de **dióxido de carbono,** crece a causa de la polución, dicho efecto puede aumentar, calentando la atmósfera. Y si las temperaturas suben demasiado, los casquetes polares pueden llegar a fundirse y provocar inundaciones.

Los gases atmosféricos impiden que el calor que nos llega del Sol se escape en su totalidad. De todas formas, su incremento, debido a la polución, puede calentar peligrosamente la atmósfera.

EFECTO INVERNADERO

1. **Radiación solar**
2. **Capa de ozono**
3. **Gases**
4. **Radiación atrapada**
5. **Radiación escapando a la atmósfera**

EL TIEMPO

Ozono descompuesto en oxígeno

Cloro procedente de los **CFC**, clorofluorocarbonos compuestos, usados en espráis y refrigeradores, que destruyen las moléculas de oxígeno

Los gases que arrojan las fábricas y los tubos de escape de los automóviles contaminan el aire, dando lugar en las grandes ciudades a una mezcla de niebla y humo, llamada **smog,** nociva para nuestros pulmones y que puede tapar la luz del Sol. Este fenómeno puede observarse desde lo alto de cualquier colina suficientemente elevada que se halle cerca de un gran núcleo urbano.

Como ya has visto antes, la **capa de ozono** es una franja de la atmósfera que nos protege de los rayos ultravioletas del Sol. Aún así, en ella se han descubierto agujeros por encima de las regiones polares, que se han atribuido a los compuestos usados en algunos espráis y refrigeradores. No hace mucho se ha decidido abandonar progresivamente la fabricación de estas sustancias.

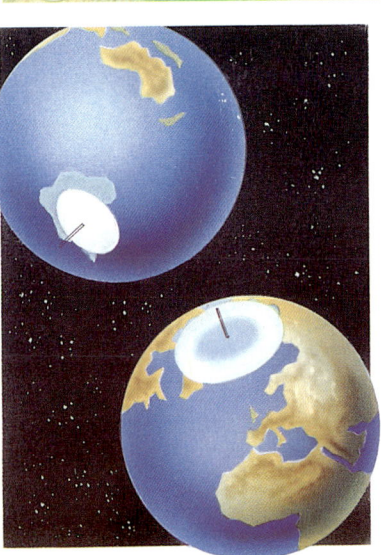

La lluvia también se ve actualmente afectada por la polución, concretamente por los gases procedentes de las centrales térmicas* y los automóviles. Estos gases son transportados por el viento hasta las nubes, donde se combinan con el agua de éstas formando ácidos, que caen sobre la tierra al llover. Esta **lluvia ácida** carcome los edificios y destruye la vida en los bosques y ríos.

Nuestros humos convierten la lluvia en destructiva para la vida y también se vuelven contra nosotros sumergiéndonos bajo las nocivas nieblas del smog.

Por si todo lo anterior fuera poco, otra de nuestras actividades, la tala masiva de árboles, contribuye también a aumentar la proporción de dióxido de carbono en la atmósfera, ya que los árboles, precisamente, absorben este gas. Además, como liberan humedad -y, no lo olvidemos, ¡oxígeno!-, su progresiva eliminación conduce a la disminución de las lluvias.

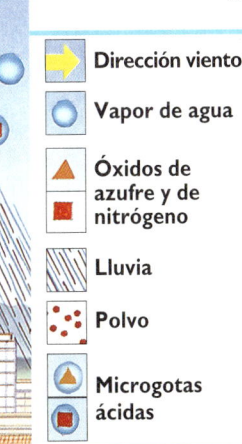

Dirección viento
Vapor de agua
Óxidos de azufre y de nitrógeno
Lluvia
Polvo
Microgotas ácidas

Comprueba y construye

Las actividades que aparecen a continuación te permitirán comprobar por ti mismo algunos de los fenómenos meteorológicos que figuran en el presente libro, así como medir y anotar diariamente las características del tiempo para que, a la larga, te puedas hacer una idea de cómo es el clima del lugar donde vives.

La tierra y el mar tienen capacidades caloríficas diferentes
Para comprobarlo, llena sendos vasos con tierra y agua, hundiendo en ambos un termómetro, exponlos al Sol durante una hora y luego compara sus temperaturas. Después haz lo mismo en un lugar sombreado. ¿Qué sustancia se calienta y enfría más rápidamente?

Cómo hacer un pluviómetro
Coge una botella grande de plástico y, delante de un adulto, recórtale el cuello con unas tijeras. Encájalo luego boca abajo dentro de la botella, sujetándolo bien con cinta adhesiva. A continuación, recorta una tira de papel, marca en ella una escala de centímetros con una regla y pégala a un lado de la botella.

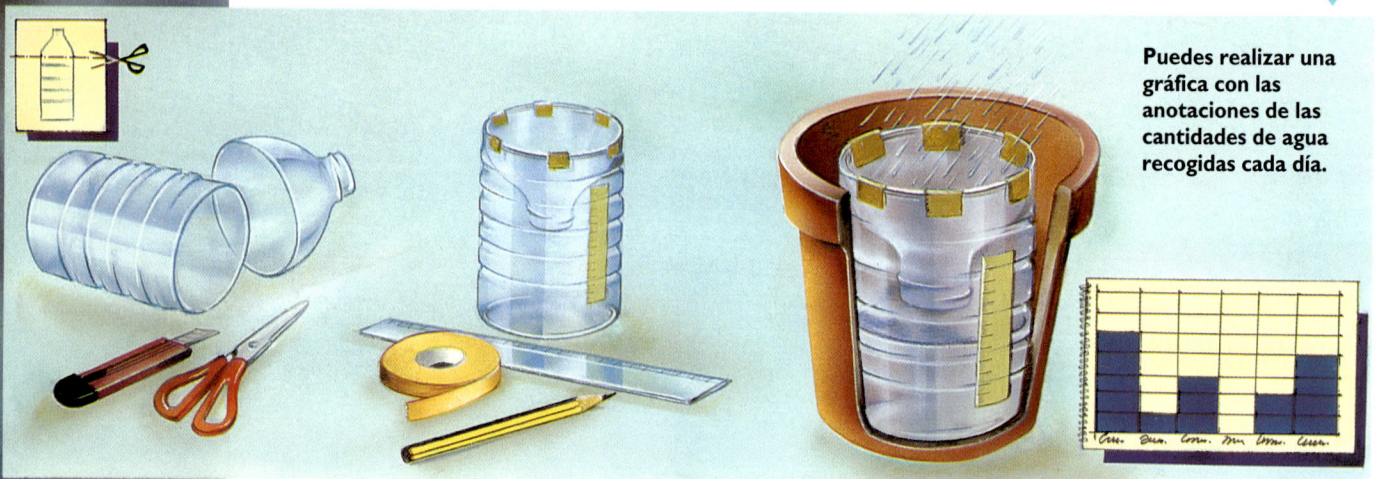

Puedes realizar una gráfica con las anotaciones de las cantidades de agua recogidas cada día.

¿La lluvia de tu zona es ácida?

Verifícalo con un par de hojas de col roja, agua destilada y agua de lluvia. Pide a un adulto que eche agua destilada caliente en un recipiente con las hojas dentro. Pasada una hora, cuela el jugo de la col y viértelo a partes iguales en dos vasos con agua destilada y agua de lluvia, respectivamente. ¿Se vuelve rojo el vaso con lluvia? Si es así, es que ésta es ácida.

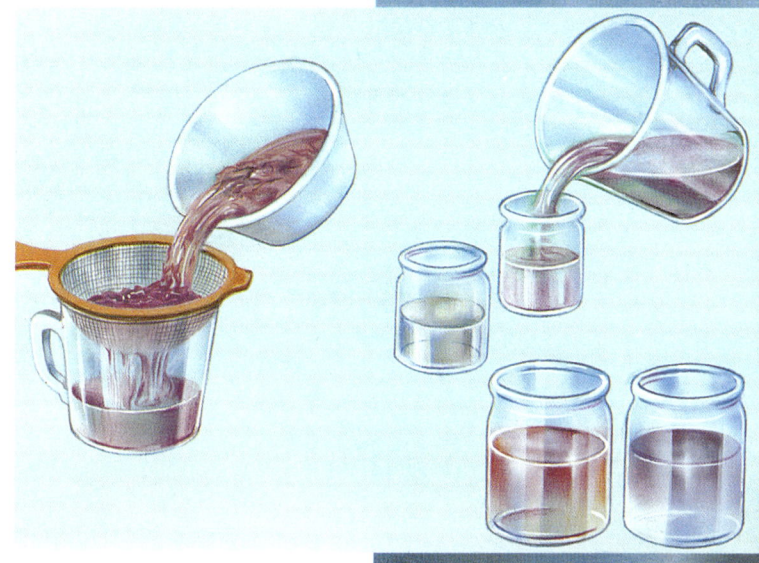

Haz un arco iris casero

Con un simple vaso lleno de agua y una hoja de papel blanca puedes construirte un arco iris. Para ello, coloca el vaso encima de la hoja junto a una ventana, de forma que al vaso le dé el Sol y la parte de la hoja situada detrás esté a la sombra. ¿Qué ocurre con la luz solar al atravesar el agua del vaso?

Toma nota del tiempo

Con tu pluviómetro, un termómetro de máxima y mínima, y tus observaciones diarias del aspecto del cielo rellena una tira del tiempo como la del dibujo. Construye hasta doce tiras, una para cada mes, y al terminar el año elabora otras doce para el año siguiente. De esta forma te harás una idea del clima de tu zona.

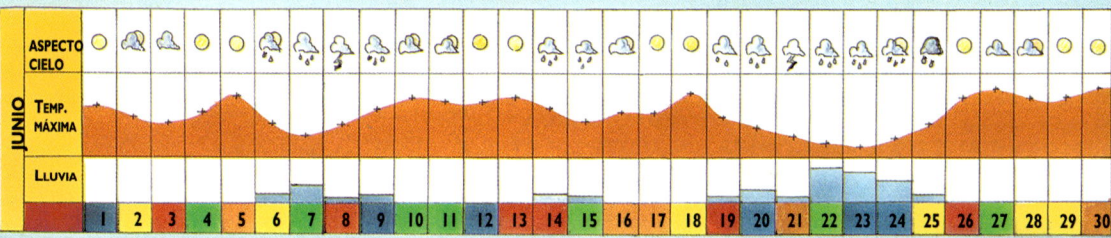

GLOSARIO

Astro. Cualquiera de los cuerpos celestes que forman el Universo, como estrellas, planetas, satélites, etc.

Aurora polar. Fenómeno atmosférico luminoso que se produce sobre las regiones polares, cuya causa está relacionada con las partículas que llegan del Sol.

Central térmica. Instalación donde a partir de la combustión de carbón, petróleo o gas natural se genera energía eléctrica.

Circumpolar. Se dice de las zonas situadas en torno a los polos y de los fenómenos que en ellas ocurren.

Ecuador. Círculo imaginario que forman todos los puntos de la Tierra situados a igual distancia del polo norte que del polo sur.

Eje de rotación de la Tierra. Recta imaginaria en torno a la cual gira la Tierra y cuyos dos extremos constituyen los polos de ésta.

Estrella fugaz. Estela de luz que deja en el cielo nocturno un meteorito que cruza el espacio y se desvanece rápidamente.

Hemisferio. Cada una de las dos mitades en que el ecuador divide la esfera terrestre.

Meteorólogo. Persona que se dedica al estudio y la predicción del tiempo.

Monzón. Cada uno de los vientos que soplan en el sureste de Asia en direcciones contrarias según la estación. El monzón de verano, húmedo y cálido, viene del océano Índico y provoca lluvias torrenciales, mientras que el de invierno sopla en dirección opuesta y es seco y frío.

Observatorio meteorológico. Observatorio en el que de forma periódica se recogen datos sobre el estado del tiempo, como la temperatura, la lluvia caída y la presión.

Polo. Cualquiera de los dos extremos del eje de rotación de una esfera, en particular los de la Tierra.

Radar. Aparato que permite detectar la presencia de un objeto en el espacio, así como determinar su posición, mediante el envío de un cierto tipo de ondas que se reflejan en el cuerpo y luego regresan a su punto de origen.

Satélite artificial. Vehículo espacial que se pone en órbita alrededor de un planeta o satélite natural con fines, por ejemplo, meteorológicos.

Transbordador espacial. Nave espacial que despega, verticalmente impulsada por sus propios motores y por cohetes que son después expulsados, se pone en órbita y toma tierra como un avión normal.

Trópico. Línea imaginaria situada por encima o por debajo del ecuador en la que, al inicio del verano o del invierno, respectivamente, los rayos solares caen verticalmente.